Page 5

Page 7

Page 10

MARINETTE	MÉTRO	AMI
PAPILLON	ÉCOLE	PARIS

Page 13

Page 19

Page 22

Page 21

Page 23

Page 25

Ex. 2

Ex. 1

Page 26

Page 27

Page 29

Page 31

Page 34

Page 35

Page 37

En plus ! Tes autocollants cadeaux !

ZAG HEROEZ

Miraculous™

Avec plein d'autocollants

PETITE SECTION
3-4 ans

MON ANNÉE DE PETITE SECTION

LECTURE

GRAPHISME

MATHS

EXPLORER LE MONDE

hachette
ÉDUCATION

ISBN : 978-2-01-723173-8

58, rue Jean Bleuzen, CS 70007, 92178 Vanves Cedex
www.parascolaire. hachette-education.com

Couverture
Conception graphique :
Élise Godmuse
Réalisation PAO : Élise Godmuse

Maquette intérieure
Conception graphique : Élise Godmuse
Réalisation PAO : Élise Godmuse

Édition : Sophie Zeegers

SG STYLO © 4 HEURES 21/11/2003

Achevé d'imprimer en décembre 2023 en Espagne par Grafo - Dépôt légal : Janvier 2024 - Édition 01 - 28/7919/4

Sommaire

LECTURE

MATHS

EXPLORER LE MONDE

GRAPHISME

La lettre A

Barre les signes qui ne sont pas des lettres.
Il ne doit rester que des **A**.

! A 5 + A !

A & A 1 3 8

Entoure les bulles qui contiennent la lettre **A**.

Le nombre 1

1 papillon

1

Le Papillon a libéré des akumas. **Colle 1 autocollant** sur chacun d'eux pour les neutraliser.

Quel est le personnage qu'on ne voit qu'une seule fois ? **Entoure-le**.

Les traits verticaux

GRAPHISME

Repasse sur les pointillés en suivant les flèches.

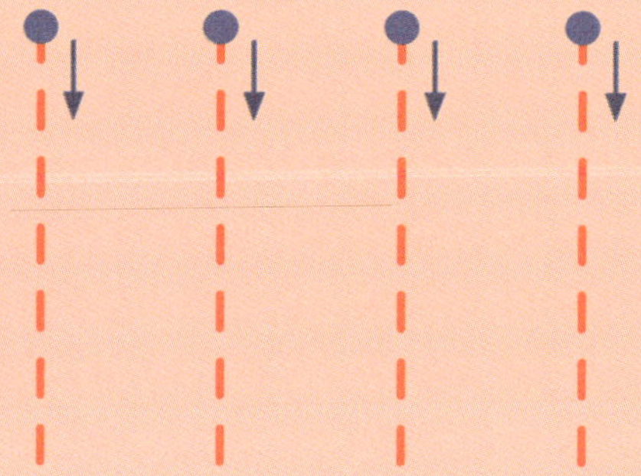

Repasse sur les pointillés pour dessiner les parapluies.

Repasse sur les pointillés, puis continue à tracer des traits verticaux.

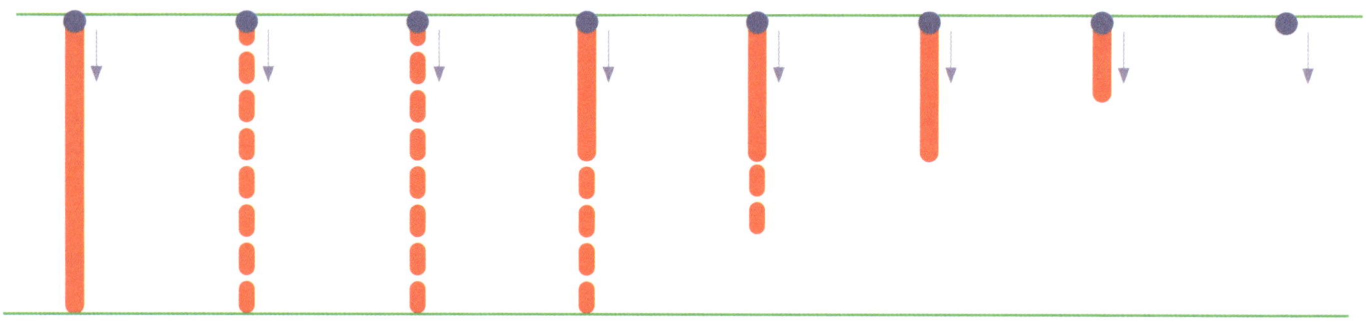

Les ronds

Voici des **ronds**. Repasse sur les pointillés en suivant la flèche pour tracer le rond.

Barre les formes qui ne sont pas des ronds.

Termine le collier en **collant** seulement des autocollants de forme ronde.

Reconnaître

Colorie Tikki en t'aidant des indications de couleurs . Dis le nom de chaque couleur avant de l'utiliser.

les couleurs

Relie chaque description au bon personnage.

J'ai des cheveux aux reflets bleus, que je coiffe toujours en deux petites couettes. Qui suis-je ?

Avec mes cheveux blonds courts et mes yeux verts, je suis un vrai top modèle. Qui suis-je ?

Avec mon gilet jaune et mes lunettes de soleil sur la tête, je me trouve vraiment irrésitible. Qui suis-je ?

Je suis le meilleur ami d'Adrien, et je trouve que ma casquette rouge me donne l'air cool. Qui suis-je ?

Au collège, je porte ma chemise à carreaux et mes lunettes, mais quand il le faut, je me transforme en la super-héroïne Rena Rouge ! Qui suis-je ?

La lettre I

Colorie le chemin que doit prendre Ladybug pour retrouver Chat Noir. Passe seulement sur les cases où tu vois la lettre **I**.

Colle ici toutes les autocollants qui contiennent un **I**.

Le nombre 2

MATHS

Entoure ces super-vilains par groupes de **2**.

Colorie le dessin où tu vois **2** cœurs.

Les points

Repasse sur les contours puis colorie l'intérieur **des points**.

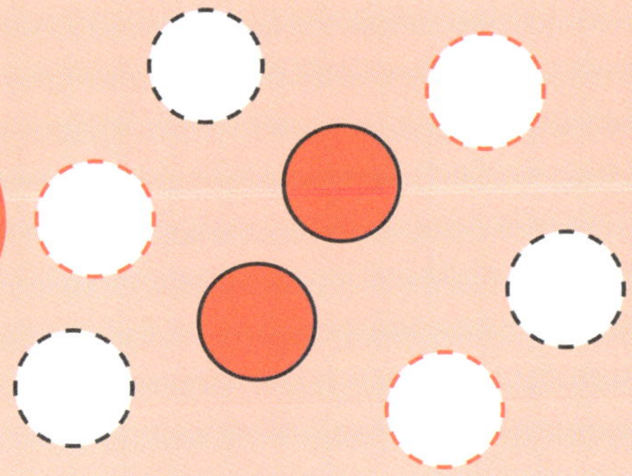

Entoure la coccinelle sur laquelle tu vois des **points**.

Continue de **dessiner** les empreintes de Chat Noir en ajoutant des **points** au bout des pattes jaunes.

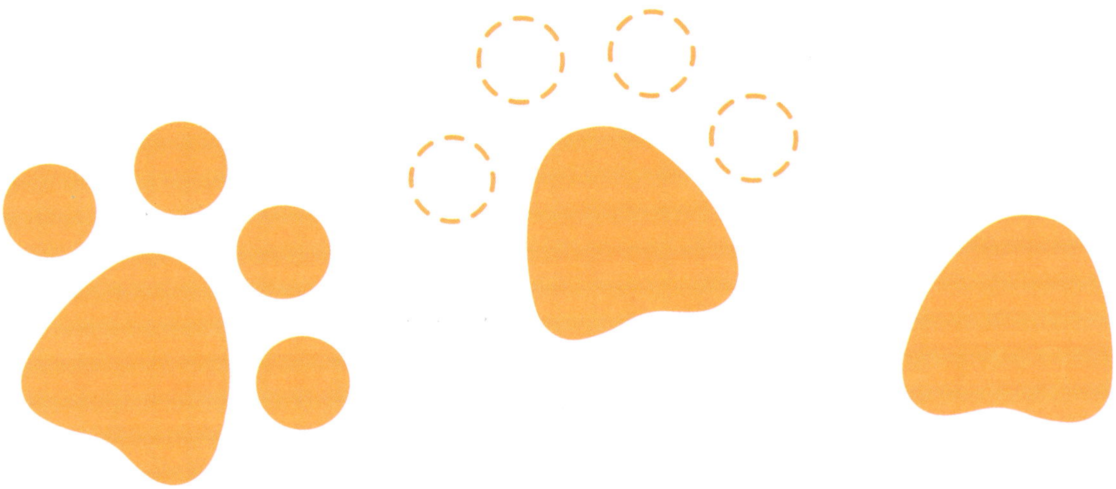

Les tailles

Le papa de Marinette
est **plus grand** que sa maman.

Marinette est **plus petite**
que son papa.

Dessine un soleil plus **petit** que celui-ci, puis un autre plus **grand**.

Parmi tes autocollants, **colle** seulement les personnages qui sont
plus **grands** que Marinette.

Suivre

Quel chemin Ladybug doit-elle prendre pour retrouver **Vesperia** ?
Suis le chemin **avec ton doigt**, puis **fais une croix** dans la bonne case.

des chemins

Aide Plagg à trouver un morceau de fromage pour reprendre des forces. **Suis** le chemin sans aucun vilain **avec ton doigt**, puis **avec ton crayon**.

La lettre O

Entoure les carapaces dans lesquelles tu vois la lettre **O**.

O O E

S A O B

Colorie les animaux dont le nom contient la lettre **O**.

TORTUE

ABEILLE

COCCINELLE

Le nombre 3

3 fleurs

3

Fais une croix en dessous de l'image où tu vois **3** personnages.

Entoure 3 héros de ton choix.

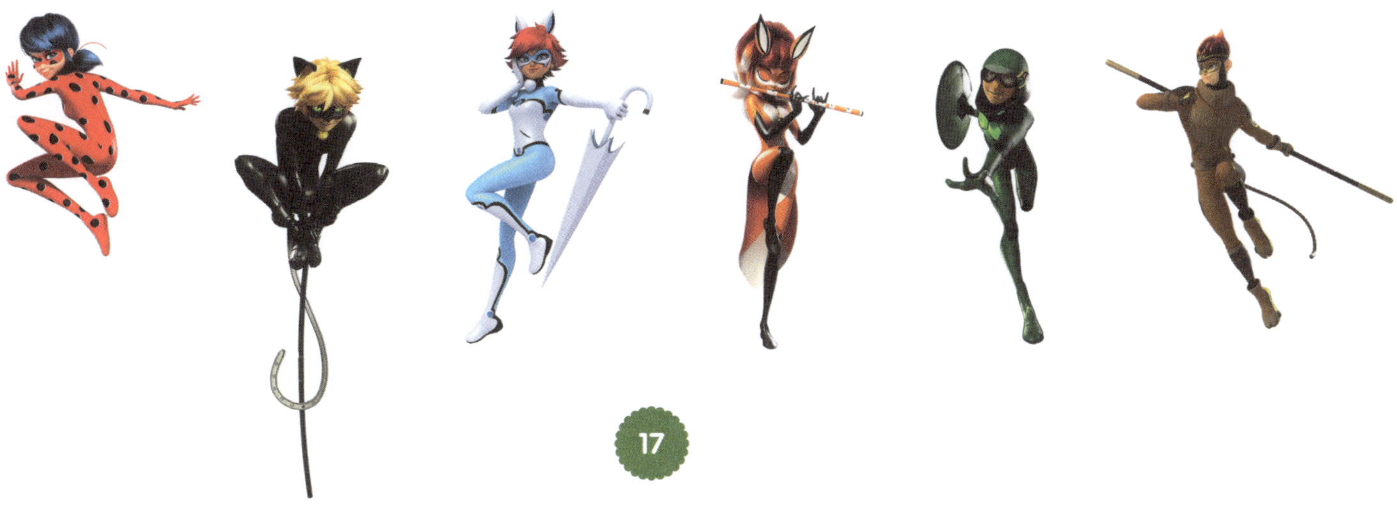

Les traits horizontaux

GRAPHISME

Ladybug doit arrêter les flèches du Dislocœur. **Repasse** sur les pointillés pour les dessiner. **Commence** au point.

Repasse sur les pointillés pour compléter les lettres **E**.

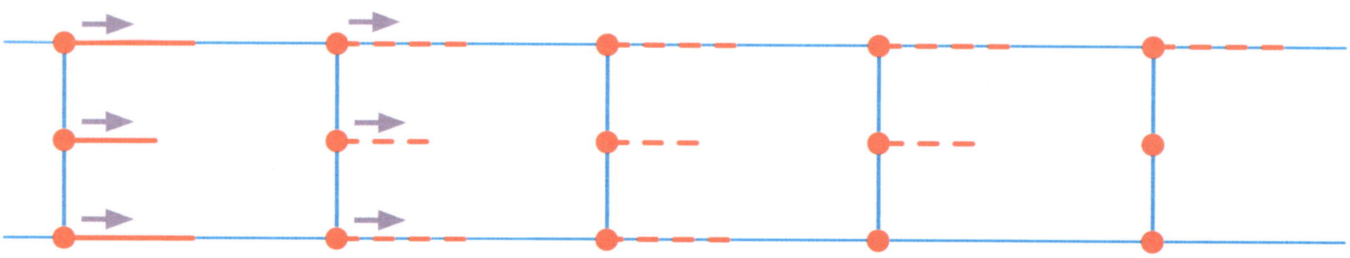

Les carrés

Voici des **carrés**. Repasse sur les pointillés pour dessiner un carré.

Avec tes autocollants, **colle** une coccinelle  sur toutes les formes **carrées**.

Colorie le personnage qui est dans un **carré**.

Se situer

Entoure les personnages qui sont **derrière** le kiosque.
Colorie ceux qui sont **devant**.

Colle les autocollants en suivant les indications.

Colle un oiseau sur l'arbre.

Colle Tikki à côté de Ladybug.

Colle un chat en bas de l'image.

La lettre L

Colle un portrait de Ladybug à chaque fois que tu vois la lettre **L**.

L J L

Marinette adore se transformer en Ladybug. **Entoure** les lettres **L** que tu vois.

Compter jusqu'à 3

Marinette a cuisiné pour ses amis :

1 croissant **2** gâteaux **3** macarons

Ajoute **2 autocollants** pour qu'il y ait **3** bougies sur le gâteau d'anniversaire de Tikki.

Sur quelle ligne comptes-tu **3** gâteaux ? **Fais une croix** au bout de la ligne.

Les traits obliques

Repasse sur les pointillés pour tracer **des traits obliques**. Commence au point violet.

Les pyramides du Louvre sont très impressionnantes. **Repasse** sur les pointillés pour apprendre à les dessiner.

Repasse sur les pointillés et **complète** les lettres **A**.

Les triangles

Voici des **triangles**. Repasse sur les pointillés pour tracer un triangle.

Choisis des autocollants en forme de **triangle** et **colle-les** sur la guirlande.

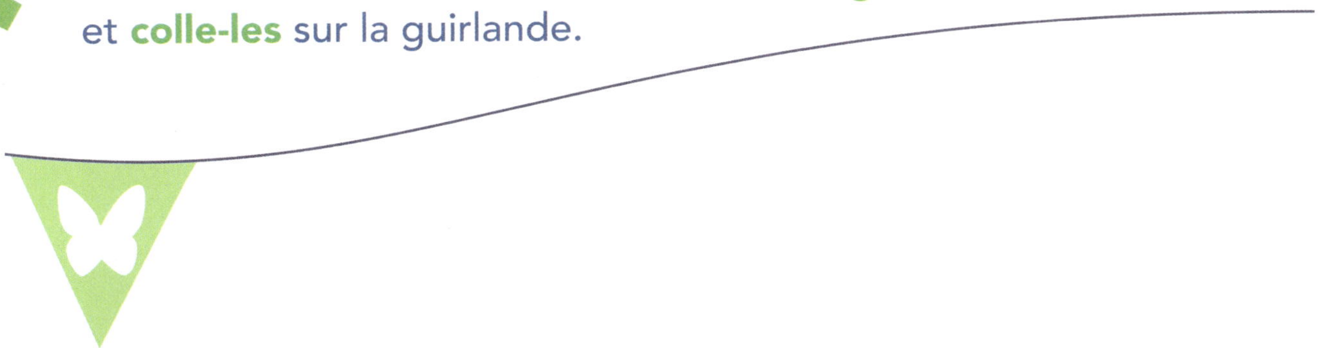

Colle les bons **triangles** en fonction de ce que demandent les personnages.

Distinguer le jour

Parmi **tes autocollants**, **choisis** la pièce qui peut compléter ce puzzle.

La nuit, le ciel est bleu foncé et on voit des étoiles.
Le jour, il est bleu clair. **Colle** le soleil ☀ sur la scène qui se passe le jour et la lune ☽ sur la scène qui se passe la nuit.

La lettre M

Colorie les cases où tu vois la lettre **M**.

A	D	M	U	C
P	M	S	M	E
M	A	Q	D	M

Relie les mots qui contiennent la lettre **M** à Marinette et sa maman.

MAMAN

CÂLIN

AMOUR

PAPA

MARINETTE

Autant

MATHS

Sur chaque image, tu comptes **2** personnages. Il y a **autant** de personnages dans chaque cadre.

Colle autant de personnages dans le second cadre que dans le premier. Choisis les autocollants que tu préfères.

Fais une croix sous les deux images où tu vois **autant** de personnages sur l'une que sur l'autre.

☐ ☐ ☐

Les courbes

Repasse sur les pointillés pour tracer **des courbes**. Commence au point violet.

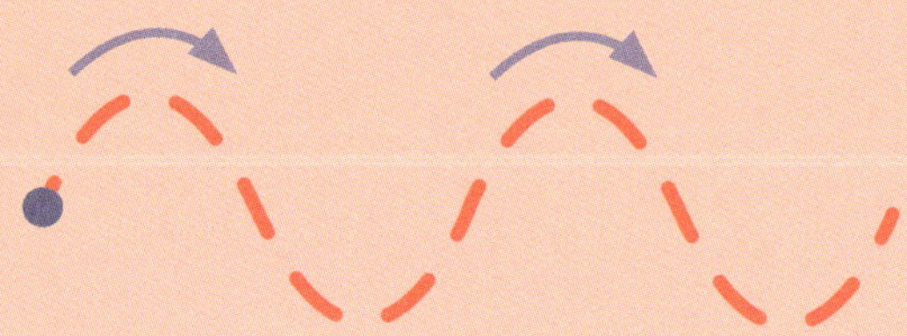

Repasse sur le fil du yo-yo de Ladybug.

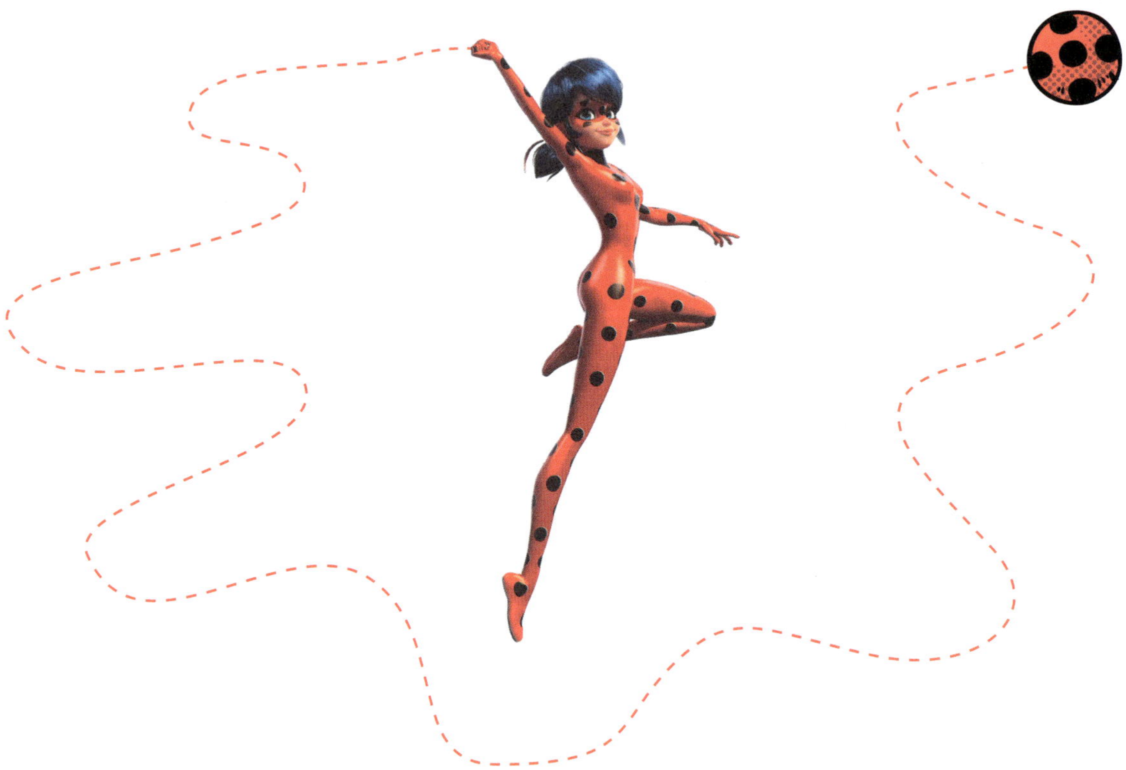

Dessine des demi-cercles en repassant sur les pointillés.

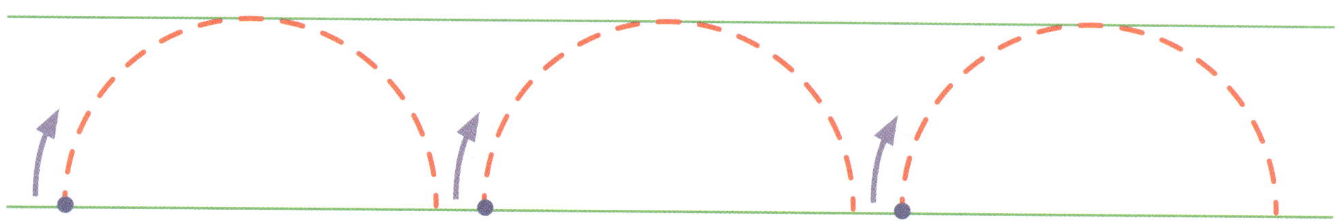

Les formes

Les **ronds**, les **carrés**, les **triangles** sont des formes géométriques.

Colorie Rena Rouge en respectant le code.

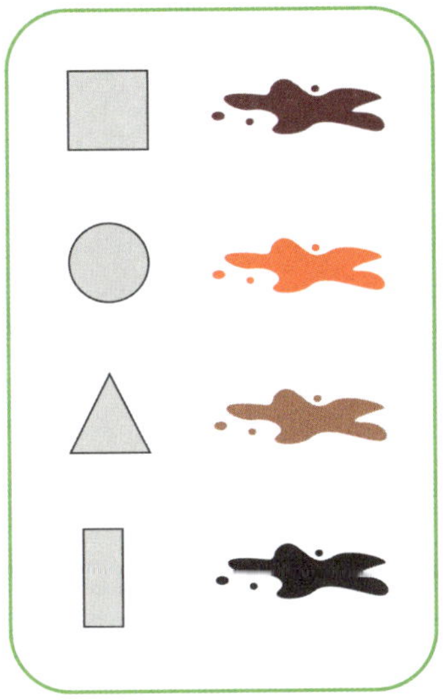

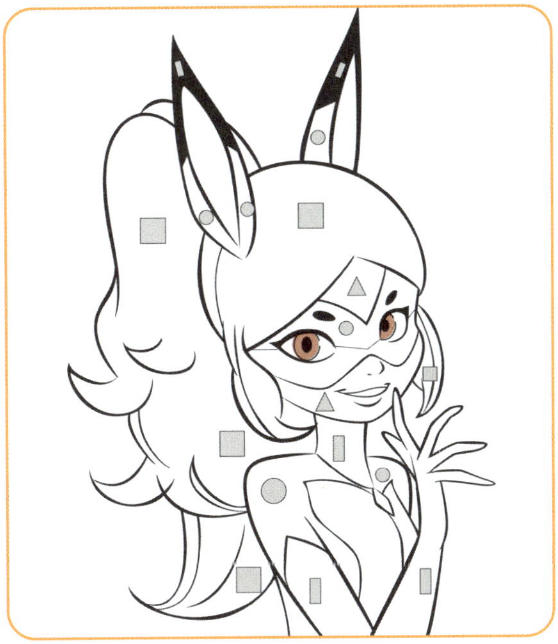

Avec tes autocollants, **colle** les morceaux de l'image qui manquent.

Reconnaître

Sur ces images, est-ce l'été ou l'hiver ? Observe bien, puis **coche** le flocon si c'est **l'hiver** ou le soleil si c'est **l'été**.

les saisons

Quelle grande fête a lieu pendant **l'hiver** ? Pour le découvrir, **barre** dans la grille tous les mots que tu vois en rouge sur la page, puis **recopie** les lettres qui restent dans le cadre.

CADEAU

BOULE

CARTE

BOUGIE

SAPIN

NEIGE

N	E	I	G	E	N
C	A	D	E	A	U
B	O	U	L	E	O
S	A	P	I	N	Ë
B	O	U	G	I	E
C	A	R	T	E	L

C'EST ____________ .

LECTURE

La lettre F

F
comme dans
MAÎTRE FU

Tikki aime manger des fraises. **Colle** les autocollants sur lesquels tu vois la lettre **F**.

Colorie les étiquettes quand elles contiennent la lettre **F**.

FLEUR	PAPILLON	ATTAQUE
FILET	LADYBUG	MIRACULOUS
FEUILLE	CHAT NOIR	FAMILLE

Le nombre 4

4

4 tours Eiffel

Colorie les sacs lorsque tu vois le chiffre 4.

Colle 4 Miraculous autour de Maître Fu.

Les boucles

GRAPHISME

Repasse sur les traces laissées par Duusu.

Termine le ruban du cadeau que Marinette a préparé pour Adrien.

Les tableaux

Sur la **première ligne**, toutes les formes sont roses.

Dans la **dernière colonne**, toutes les formes sont des triangles.

Colorie le cœur selon la **couleur** demandée.

Complète le tableau avec tes autocollants. Range-les par **couleur**. Chaque ligne de tableau correspond à une couleur.

Se familiariser avec

Colorie en **vert** les objets dont tu te sers pour **manger** et en **rouge** ceux dont tu te sers pour **boire**. Barre les autres.

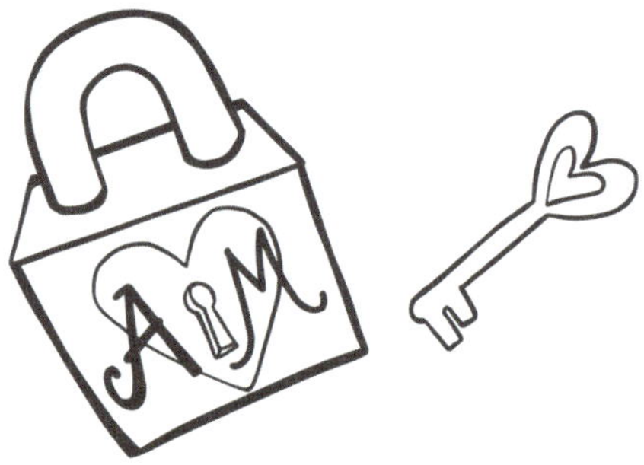

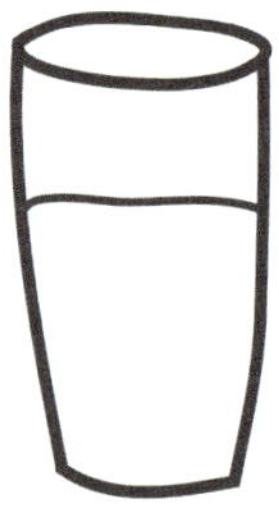

Fais une croix à côté de la scène où le sac de Marinette n'est pas à sa place.

La lettre D

D
comme dans
ADRIEN

Colorie les éléments qui contiennent la lettre **D** dans leur nom.

BALLON DAUPHIN GÂTEAU CADEAU

Entoure les **D** dans la phrase ci-dessous.

POUR LADYBUG,
CE N'EST PAS DIFFICILE
DE DÉJOUER LES PLANS
DU PAPILLON.

Le nombre 5

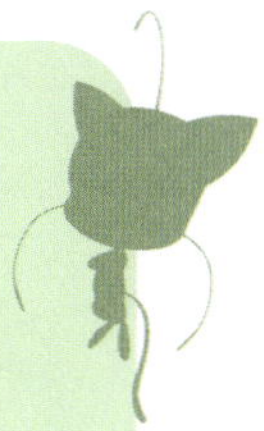

Voici **5** empreintes de chat :

5

Voici des papillons. **Entoure 5** d'entre eux pour les capturer.

Colorie les zones où tu vois un point rouge et **fais une croix** sous l'image où tu vois apparaître le chiffre **5**.

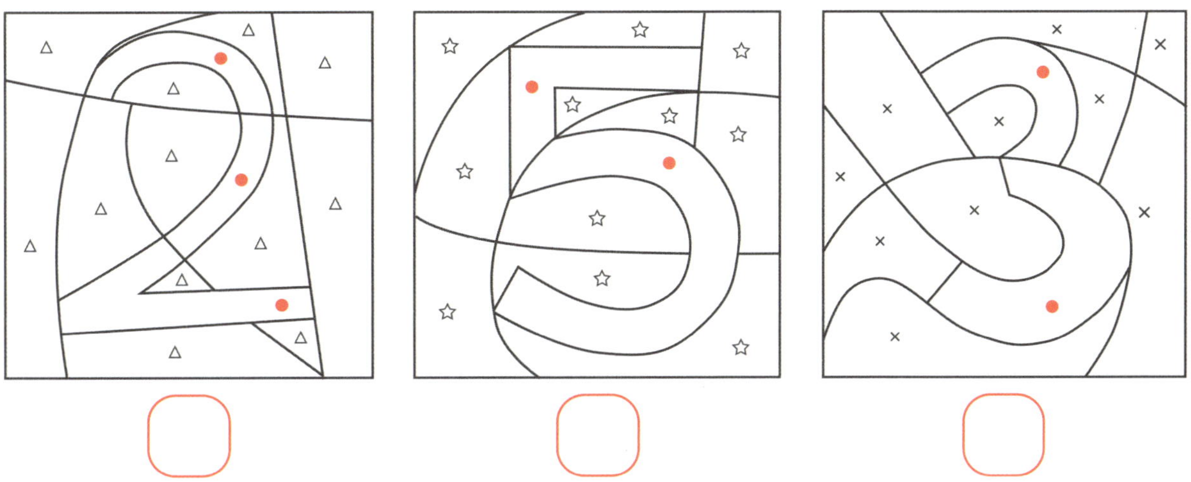

Les traits et les ronds

Repasse sur les pointillés pour dessiner **le miraculous de Ladybug**.

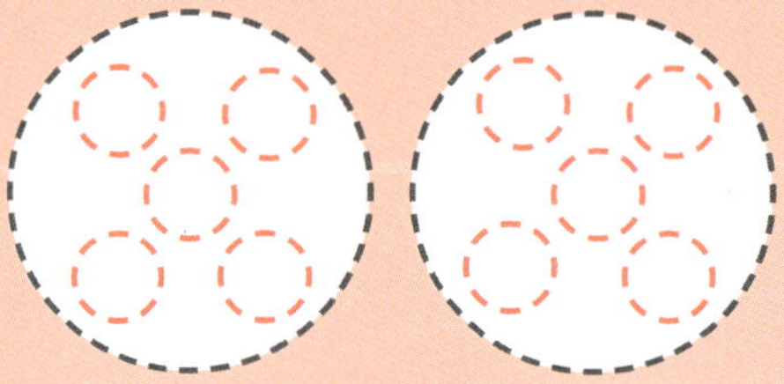

Gorizilla va s'attaquer aux immeubles. Complète le dessin en **repassant** sur les pointillés.

Repasse sur les pointillés pour terminer de dessiner les traces laissées par Chat Noir.

Compter jusqu'à 5

1	2	3	4	5

Colorie selon le code.

1	
2	
3	
4	
5	

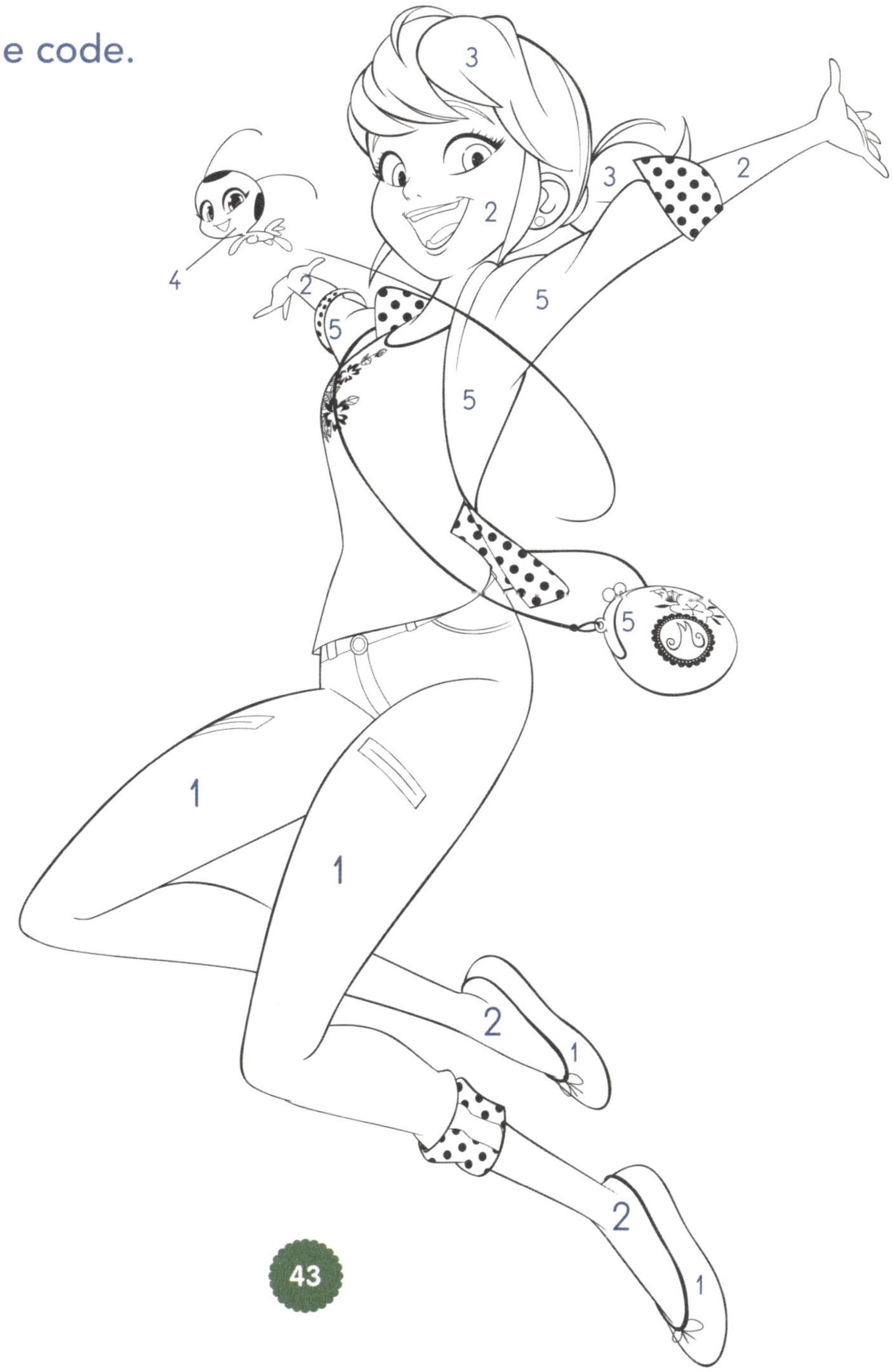

Identifier

Regarde bien le visage de chaque personnage. Certains personnages sont contents, mais pas tous. **Fais une croix** en dessous de chaque personnage **content**.

les contraires

Colorie la plus **grande** image.

Colorie la plus **petite** image.

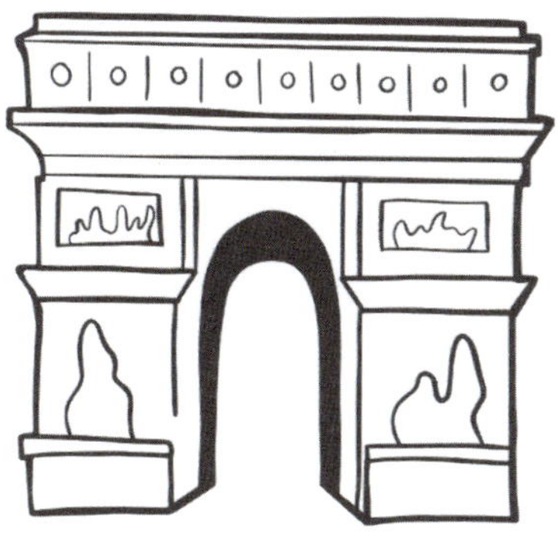

Cherche et trouve

Regarde bien l'image et colorie les ronds en **bleu**, les carrés en **rouge**, les triangles en **vert**. Tu peux ensuite redonner leurs couleurs à Ladybug et Chat Noir.

Bravo ! Tu as fini !

Colorie ce dessin comme tu le souhaites.